Travellers Highlights

Travellers Highlights

Setswana - Swahili - English Translations

Compiled by

EPAPHRA P.M. NGOWI

authorHOUSE®

AuthorHouse™
1663 Liberty Drive
Bloomington, IN 47403
www.authorhouse.com
Phone: 1-800-839-8640

First published by AuthorHouse   07/26/2011

ISBN: 978-1-4567-8050-0 (sc)
ISBN: 978-1-4567-8051-7 (ebk)

Printed in the United States of America

NOTE

African Languages – whoever is interested in them, they are fun to learn. Let us learn to preserve them for the future generations and all the years coming ahead.
It is a pity that we live so short, but talk so much. We write almost nothing to be appreciated. So let us do whatever little we can to preserve our languages, as part of our cultures.

VOTE OF THANKS

This work is dedicated to my wife Emmy Agnes, my children Irene, Patrick, and the little one Vivian, who have encouraged and assisted me, while accomplishing this work that you are reading.

Author 2010

ACKNOWLEGMENT

This is to appreciate the great encouragement given by colleagues and friends to compile and work on this book.

The task was quite tedious and time demanding, but through their help we managed to make it a success. My sincere gratitude goes to the Shashe River Senior School Computer Department as well as the Setswana teaching staff, who helped me a lot, in the preparation of the manuscript for this work.

My personal gratitude goes to the entire population of friends in Tonota, and elsewhere in Botswana, for correcting me, whenever I spoke poor Setswana while in the process of learning the language, and in the preparation of this book.

PREFACE

Swahili is a widely spoken language in several African countries. It is believed to have originated in East Africa and remains a national language in Tanzania (Tanzania Mainland and Zanzibar), and in Kenya. Swahili is widely spoken in Uganda, Malawi, Burundi and Rwanda, the Republic of Congo, some parts of Zambia, Mozambique and Sudan. It is also increasingly, becoming popular in other several African counties especially, Southern parts of Africa.

Language is a 'free currency' which you can use in any country and without paying any commission, to anybody. It is more of an asset, or a tool to help you to express yourself in the society you are in, at any particular moment. So be proud if you have this communication tool with you.

Contents

PART	TITLE	PAGE
1	WORDS AND PHRASES REFERING TO TIME	1
2	NAMES OF THE MONTHS OF THE YEAR	3
3	COMMON NUMBERS	5
4	NAMES OF ANIMALS	7
5	NAMES OF PARTS OF A HUMAN BODY	9
6	COMMON NOUNS AND ADJECTIVES: USED ABOUT PEOPLE	11
7	PHRASES AND WORDS COMMONLY USED IN CHURCH	13
8	COMMON PRONOUNS AND PHRASES ABOUT PEOPLE	15
9	GREETINGS	17
10	ROOT WORDS TO MAKE SIMPLE SENTENCES	19
11	ROOT WORDS TO MAKE COMMANDS	21
12	PHRASES AND CHATTING WORDS	23
13	PHRASES AND WORDS USED IN THE KITCHEN AND OR DINING ROOM	25
14	WORDS AND PHRASES USED IN BARS/ RESTAURANTS	27
15	PHASES COMMONLY USED IN THE HOUSE / YARD	29
16	COMMON WORDS AND PHASES USED AT THE HOSPITAL/CLINIC	31

17   WORDS AND PHRASES USED AT A
      WEDDING CEREMONY..33

18   WORDS AND PHRASES TO USE
      AT THE BUTCHERY..35

19   WORDS AND PHRASES USED AT
      EDUCATIONAL INSTITUTIONS....................................37

20   WORDS AND PHRASES USED AT
      THE POLICE STATION OR COURT...................................39

21   WORDS AND PHRASES USED AT
      THE GARDEN/ FARM..41

22   PHRASES USED AT BUS STOP...43

23   WORDS AND PHRASES USED
      AT THE SHOP/ SUPERMARKET 45

24   WORDS,PHRASES AND QUESTIONS
      USED AT THE SHOPS AND SUPERMARKETS 47

25   COMMON COLOURS 49

26   WORDS AND PHRASES TO
      DESCRIBE THE WEATHER...51

27   SIMPLE TENSE USED IN RELATION TO TIME 53

28   SIMPLE TENSE VERBS 55

29   NAMES OF DIFFERENT OCCUPATIONS.........................57

30   PARTS OF A HOUSE...59

31   BUILDING MATERIALS...61

32   CLOTHING OR GARMENTS WORN
      BY PEOPLE 63

33   TSWANA NAMES AND THEIR MEANING
      IN SWAHILI AND ENGLISH 65

34   SHORT STATEMENTS AND QUESTIONS.........................67

35   EXPAND YOUR SWAHILI/ SETSWANA/ ENGLISH
      VOCABULARY..69

36   VOCABULARY..71

37   COMMON WORDS...75

PART 1

WORDS AND PHRASES REFERING TO TIME

SWAHILI	SETSWANA	ENGLISH
Dakika moja	Motsotso	One minute
Nusu saa	Sephatlo sa oura	Half an hour
Saa moja	Oura	One hour
Usiku wa manane	Gare ga bosigo	Mid night
Usiku	Bosigo	Night
Mchana	Motshegare	Afternoon
Asubuhi	Phakela	Morning
Jioni	Maitsiboa	Evening
Mchana wote	Motshegare Otlhe	All afternoon
Robo saa	Bongwe mo boneng jwa oura	Quarter an hour
Saa moja na robo	Morago ga bosupa	One hour and a quarter
Wakati wa mchana	Mo motshegareng	During the afternoon
Wakati wa usiku	Mo bosigong	During the night
Karibu na asubuhi	Maphakela a matona	Dawn
Kesho	Ka moso	Tomorrow
Kesho kutwa	Kamoso o mongwe	Day after tomorrow
Jana	Maabane	Yesterday
Juzi	Maloba	Day before yesterday
Mwezi uliopita	Kgwedi e e feitileng	Last month
Mwezi ujao	Kgwedi e e tlang	Next month
Mwaka ujao	Ngwaga e e tlang	Next year
Mwaka jana	Ngwaga o o feitileng	Last year
Jumatatu	Mosupologo	Monday
Jumanne	Labobedi	Tuesday
Jumatano	Laboraro	Wednesday
Alhamisi	Labone	Thursday
Ijumaa	Labotlhano	Friday
Jumamosi	Matlhatso	Saturday
Jumapili	Sontaga /Tshipi	Sunday

1

Wiki hii	Beke e	This week
Wiki ya jana	Beke e e fetileng	Last week
Wiki ijayo	Beke e e tlang	Next week
Wiki moja	Beke e le nngwe	One week
Mwisho wa wiki	Mafelo a beke	End of the week
Mwishoni wa wiki	Gotsamaela mafelo a beke	During the end of the week
Katikati ya wiki	Fagare ga beke	Within the week

PART 2

NAMES OF THE MONTHS OF THE YEAR

SWAHILI	SETSWANA	ENGLISH
Januari	Hirikgong	January
Feburuari	Tlhakole	February
Machi	Mopitlo	March
Aprili	Moranang	April
Mei	Motsheganong	May
Juni	Seetebosigo	June
Julai	Phukwi	July
Agosti	Phatwe	August
Septemba	Lwetse	September
Oktoba	Phalane	October
Novemba	Mosetlha/ Ngwanatsele	November
Desemba	Morule	December
Mwezi	Kgwedi	Month
Juma	Beke	Week
Mwaka	Ngwaga	Year

PART 3

COMMON NUMBERS

NUMBER	SWAHILI	SETSWANA	ENGLISH
1	Moja	Bongwe	One
2	Mbili	Bobedi	Two
3	Tatu	Boraro	Three
4	Nne	Bonne	Four
5	Tano	Botlhano	Five
6	Sita	Borataro	Six
7	Saba	Bosupa	Seven
8	Nane	Boferabobedi	Eight
9	Tisa	Boferabongwe	Nine
10	Kumi	Lesome	Ten
11	Kumi na moja	Lesome le bongwe	Eleven
12	Kurni na mbili	Lesome le bobedi	Twelve
13	Kumi na tatu	Lesome le boraro	Thirteen
14	Kumi na nne	Lesome le bone	Fourteen
15	Kumi na tano	Lesome le botlhano	Fifteen
16	Kumi na sita	Lesome le borataro	Sixteen
17	Kumi na saba	Lesome le bosupa	Seventeen
18	Kumi na nane	Lesome le boferabobedi	Eighteen
19	Kumi na tisa	Lesome le boferabongwe	Nineteen
20	Ishirini	Masome a mabedi	Twenty
30	Thelathini	Masome a mararo	Thirty
40	Arobaini	Masome a mane	Forty
50	Hamsini	Masome a matlhano	Fifty
60	Sitini	Masome a marataro	Sixty
70	Sabini	Masome a supa	Seventy
80	Themanini	Masome a ferabobedi	Eighty
90	Tisini	Masome a ferabongwe	Ninty
100	Mia Moja	Lekgolo	One hundered
500	Mia tano	Makgolo a matlhano	Five hundred

5

1000	Elfu moja	Sekete	One thousand
100,000	Laki moja	Dikete tse di lekgolo	One hundred thousand
1,000,000	Milioni moja	Sedikadike	One million
1,000,000,000	Bilioni	Didikadike di le sedikadike	One billion

PART 4

NAMES OF ANIMALS

SWAHILI	SETSWANA	ENGLISH
Ng'ombe	Kgomo	Cow
Mbuzi	Podi	Goat
Simba	Tau	Lion
Tembo	Tlou	Elephant
Paka	Katse	Cat
Ng'ombe mwitu (mbogo)	Nare	Buffalo
Punda	Tonki	Donkey
Punda mlia	Pitse ya naga	Zebra
Chui	Lengau	Leopard
Mbwa	Ntsa	Dog
Mamba	Kwena	Crocodile
Mjusi	Mantsiane	Lizard
Kifaru	Tshukudu	Rhino
Samaki	Tlhapi	Fish
Chura	Segwagwa/Segogwane	Frog
Impala	Tholo	Impala
Ndege	Nonyane	Bird
Nyani	Kgabo	Monkey
Sokwe mtu	Tshwene	Ape
Mbuni	Ntšhe	Ostrich
Ngiri	Mathenthenyane	Woathhog
Kinyonga	Lelobu	Chameleon
Nyoka	Noga	Snake
Kunguru	Legakabe	Crow
Njiwa	Leeba	Pigeon
Kuku	Koko	Chicken
Bata	Pidipidi	Duck
Sungura	Mmutla	Rabbit
Nzi	Ntsi	Fly

Mbu	Monang	Mosquito
Tausi	Phikoko	Peacock
Bata mzinga	Kalakuma	Turkey
Kasuku	Papalagae	Parrot
Mnyoo	Seboko	Worm
Buibui	Segokgo	Spider
Kipepeo	Serurubele	Butterfly
Bata maji	Sehudi	Duck
Kuku wa mayai	Koko e namagadi	Chicken (layers)
Mnyama	Phologolo	Animal
Chawa	Maaka	Lice
Mdudu (wadudu)	Seboko (diboko)	Insect (insects)
Kondoo	Nku	Sheep

PART 5

NAMES OF PARTS OF A HUMAN BODY

SWAHILI	SETSWANA	ENGLISH
Sikio	Tsebe	Ear
Mkono	Lebogo	Hand
Mguu	Leoto	Leg
Nywele	Moriri	Hair
Mdomo	Molomo	Mouth
Uso	Sefatlhego	Face
Vidole	Menwana	Fingers
Macho	Matlho	Eyes
Kiganja cha mkono	Seatla	Palm
Paja	Serope	Thigh
Dole gumba	Kgonotswe	Thumb
Goti	Lengole	Knee
Ulimi	Loleme	Tongue
Mdomo wa juu/ chini	Dipounama	Upper/lower lips
Pua	Nko	Nose
Makalio / Matako	Marago	Buttocks
Shingo	Molala	Neck
Kucha	Dinala	Nails
Kiuno	Letheka	Neck
Ini	Sebete	Liver
Figo	Diphilo	Kidney
Utumbo/Matumbo	Mala	Intestines
Moyo	Pelo	Heart
Mapafu	Makgwafo	Lungs
Koo	Kgokgotsho	Throat
Bandama	Lebetee	Spleen
Mfupa/Mifupa	Lerapo/Marapo	Bone/Bones

EPAPHRA P.M. NGOWI

Kichwa	Tlhogo	Head
Macho	Matho	Eyes
Ngozi	Lethalo	Skin
Tumbo	Mala	Stomach

PART 6

COMMON NOUNS AND ADJECTIVES: USED ABOUT PEOPLE

SWAHILI	SETSWANA	ENGLISH
Baba	Rre	Father
Mama	Mme	Mother
Kaka	Kgaitsadi wa mosimane	Brother
Dada	Kgaitsadi wa mosetsana	Sister
Mjomba	Malome	Uncle
Shangazi	Rakgadi	Aunty
Mke wangu	Mosadi wame	My wife
Mume wangu	Monna wame	My husband
Jirani	Moagisanyi (wa gago)	Neighbour
Rafiki	Tsala	Friend
Kaka mdogo	Nnake wa mosimane	Younger brother
Dada mdogo	Nnake wa mosetsanan	Younger sister
Babu	Rremogolo	Grandfather
Bibi	Mmemogolo	Grandmother
Binamu	Ntsalake	Cousin
Mfanyakazi	Mmereki	Worker
Kibarua	Mmereki wa nakwana	Casual labourer
Mtu	Motho	Person
Mwizi	Legodu	Thief
Mtu mwema	Motho yo o siameng	Good person
Msichana mzuri	Mosetsana yo montle	Beautiful girl
Mtu mbaya	Motho yo mosweu	Bad boy
Mvulana hodari	Mosimane yo o berekang thata	Brave boy
Mtu mvivu	Setshwakga	Lazy person
Mtu mwema/ mwaminifu	Motho yo obuang mmaaruri	Faithful person
Katili/ jeuri	Seganka	Arrogant/rude
Mtu mwongo, uongo	Moaki, maaka	Liar, lies

11

Mtu mjinga/ mpumbavu	Sematla	Stupid person
Mgomvi	O a omana	Quarrelsome
Anadanganya	O a aka	He/she is lying
Kubali	Dumela	Accept

PART 7

PHRASES AND WORDS COMMONLY USED IN CHURCH

SWAHILI	SETSWANA	ENGLISH
Mungu	Morena	God
Yesu kristo	Jeso Keresete	Jesus Christ
Mtume	Moporofeti	Saint
Malaika	Baengele	Angel
Mkristo	Mokeresete	Christian
Kengele	Tshipi ya kereke	Church Bell
Dini	Tumelo	Religion
Neno la Mungu	Lefoko la modimo	Word of God
Waumini	Badumedi	Believers
Chakula cha bwana	Selalelo	Sacrament
Bibilia	Baebele	Bible
Ukristo	Bokeresete	Christianity
Mbinguni	Legodimo	Heaven
Mzee wa kanisa	Morongwa wa kereke	Church elders
Altari/Madhabahu	Aletare	Altar
Mishumaa	Dikerese	Candles
Nyimbo za kanisani	Dipina tsa kereke	Hymms
Sala	Thapelo	Prayer
Msalaba	Sefapaano	Cross
Kwaya	Khwaere	Choir
Waimbaji	Baopedi	Singers
Mungu wa mbinguni	Modimo wa magodimo	Heavenly father

PART 8

COMMON PRONOUNS AND PHRASES ABOUT PEOPLE

SWAHILI	SETSWANA	ENGLISH
Mimi,ni mimi	Nna, Ke nna	Me, it's I
Wewe	Wena	You
Sisi	Rona	Us
Yeye	Ene	Him/her
Huyu	Yo	This one
Yule	Yole/ ole	That one
Wale/ wao	Bone/ ke bone	Them/their
Wangu	Wame	Mine
Hili	Lone	This
Watu hawa	Batho ba	These people
Watu hawa hapa	Batho bano ba	These people here
Wale tuliowaona	Bare ba bone eng	Those we saw
Watu hawa wote	Batho ba botlhe	All these people
Yuko kwao	Kwa ga bone	He/she is at home
Amekwenda kwao	O ile kwa ga bone	He/she has gone home
Anaongea lugha gani	O bua sekae	Which language does he/she speak
Naomba msamaha	Ke kopa maitshwarelo	Please forgive me

PART 9

GREETINGS

SWAHILI	SETSWANA	ENGLISH
Jambo	Heela/ Dumela	Hi/hello
Si jambo	Re teng, ke teng	I am fine
Hujambo?	O tsogile jang?	How are you?
Mpo salama nyumbani?	A lo tsogile kwa gae?	Are all well at home?
Unajisikia je?	O ikutlwa jang?	How are you feeling?
Habari za baba yako?	Rraago O tsogile jang?	How is your father?
Habari za mama yako?	Mmago o tsogile jang?	How is your mother?
Habari za mke wako?	Mosadi wa gago o tsogile jang?	How is your wife
Unasemaje? Wasema?	Wareng?	Whats up? What?
Salama?	Wareng fela?	What are you saying?
Je salama?	A gosiame?	Is it well?

PART 10

SIMPLE SENTENCES

SWAHILI	SETSWANA	ENGLISH
Nini?	Eng?	What?
Kuna nini?	Go rileng?	What is going on?
Kwa nini?	Ka go reng?	Why?
Simama!	Ema!	Stop!
Simama	Emelela	Stand up
Kaa chini	Nna fa fatshe	Sit down
Ndenda pale	Ka kwa, pota kakwa	Go there
Njoo hapa	Tla kwano, pota ka kwano	Come here
Sisikii!	Ga ke utlwe!	I can't hear!
Ningojee hapo/ hapa	Nkemele foo/ fa	Wait for me there/here
Tafadhali nisaidie	Ke kopa thuso	Please help me
Unakwenda wapi?	O ya kae?	Where are you going?
Jina lako ni nani?	Leina la gago ke mang?	What is your name?
Wewe ni nani?	O mang?	Who are you?
Unataka nini?	O batla eng?	What do you want?
Umetoka wapi?	O tswa kae?	Where are you from?
Napenda kukufahamu	Ke batla go go itse	I would like to get know you
Nataka kuuliza	Ke batla go go botsa	I want to ask
Sijui/ Sifahamu	Ga ke itse	I don't know
Je, ni hivyo?	A go ntse jalo?	Is it like that?

PART I I

COMMON COMMANDS

SWAHILI	SETSWANA	ENGLISH
Usiniulize	O seka wa botsa	Don't ask me
Nyamaza	Didimala	Keep quiet
Tafadhali kaa kimya	Tidimalo tsweetswee	Please keep quite
Ahsante sana	Ke a leboga/re a leboga	Thank you very much
Usifanye hivyo!	Se dire jalo!	Don't do that!
Fanya hivi tena	Dira jalo gape	Do this again
Rudia hili	Boelela gape	Repeat this
Sema Tena	Bua gape	Say it again
Kwa nini isiwe hivyo?	Go reng go sa nna jalo?	Why shouldn't it be like that?
Unakwenda shule?	A o tsena sekole?	Are you going to school?
Uko darasa la ngapi?	O tsena mo setlhophcng sete?	What class are you?
Unakaa wapi?	O nna kae?	Where do you stay?
Hapa panaitwaje?	Lefelo le ke mang?	What is the name of this place?
Huyu ni baba yako?	A yo ke rrago?	Is this your father?
Huyu ni mama yako?	A yo ke mmago?	Is this your mother?
Unataka nini?	O batla eng?	What do you want?
Unapenda ipi?	O rata efe?	Which do you like?

PART 12

PHRASES AND CHATTING WORDS

SWAHILI	SETSWANA	ENGLISH
Mtu mzuri	Motho yo o siame	Nice person
Mpenzi	Moratiwa	Lover
Ninakupenda	Ke a go rata	I love you
Bibi mzuri	Mosadi yo o montle	Pretty woman
Rafiki wa kike	Tsala ya mosetsana	Girl friend
Rafiki wa kiume	Tsala ya mosimane	Boy friend
Mwanamke kimada	Nyatsi	Concubine
Mpenzi wa siri	Moratiwa wa sephiri	Secret lover
Kutongoza	Go kopa lorato	Courtship
Omba harusi	Go kopa nyalo	Propose marrige
Naomba urafiki	Ke kopa botsala	Propose friendship
Busu	Go atla/ go suna	Kiss
Nishike	Nkgoma	Hold me
Sogea karibu/hapa	Nkatamela/ sutelela kwano	Come closer/here
Sogea huko	Sutelela koo	Move there
Shika mikono yangu	Tshwara matsogo/ mabogo a me	Hold my hands
Unampenda?	A o a nthata?	Do you love him/her?
Tunaweza kwenda sote?	Ke tla tsamaya le wena?	Can we go together?
Njoo nyumbani kwangu	Tla kwa ntlong yame	Come to my home
Nitakuona lini?	Ke go bone leng?	When will I see you?
Nitakuona	Ke tla go bona	I will see you
Lala vyema	Lala sentle/ robala sentle	Sleep well
Ndoto njema	Ditoro tse di molemo	Pleasant dreams
Nitakuonna leo usiku	Ke tla go bona bosigo	I will see you tonight
Nitakuona jioni	Ke tla go bona maitseboa	I will see you in the evening
Malaya	Lebelete	Prostitute
Twende tukalale	A re ye go robala	Let us go and sleep
Napenda kucheza nawe	Ke batla go bina le wena	I like to dance with you

EPAPHRA P.M. NGOWI

Mme wako ni nani?	Monna wa gago ke mang?	Who is your husband?
Mke wako ni nani?	Mosadi wa gago ke mang?	Who is your wife?
Utaolewa lini?	O tla a nyalwa leng?	When are you getting married?
Unampenda nani?	O rata mang?	Whom do you love?

PART 13

PHRASES AND WORDS USED IN THE KITCHEN AND OR DINING ROOM

SWAHILI	SETSWANA	ENGLISH
Jikoni	Ntlo ya boapeelo	Kitchen
Chungu	Dipitsa	Clay pot
Kijiko	Loswana	Spoon
Uma	Foroko	Fork
Mwiko	Leso	Wooden spoon
Kisu	Thipa	Knife
Kikombe	Kopi	Cup
Bilauri	Galase	Glass
Chemsha maji	Bidisa metsi	Boil water
Washa jiko	Tshuba setofo	Switch on the stove
Safisha sahani	Tlhatswa jana	Clean the plate
Safisha sufuria	Tlhatswa pitsa	Clean the pot
Naomba maji	Ke kopa metsi	Please give me water
Lete maji	Tlisa metsi	Bring water
Zima jiko	Tima setofo	Switch off the stove
Nipe chakula	Mpha dijo	Give me food
Chakula tayari	Dijo di budule	Food is ready
Maji yanachemka	Metsi a a bela	Water is boiling
Sufuria inaungulia	Pitsa di a ša	The pot is burning
Chakula ni kitamu	Dijo tse di monate	The food is tasty
Chakula kina chumvi nyingi	Dijo tse di letswai	The food is salty
Safisha jikoni	Phepafatsa ntlo ya boapeelo	Clean the kitchen
Nawa mikono	Tlhapa diatla	Wash your hands
Njoo tule	A re je	Come eat
Kula	Ja	Eat
Kula kidogo	Ja gole gonnye	Eat a little bit

Tema	Kgwa	Spit it out
Tapika	Tlhatsa	Vomit
Tafuna	Tlhafuna	Chew
Meza	Tafole	Table
Meza	Metsa	Swallow

PART 14

WORDS AND PHRASES USED IN BARS/ RESTAURANTS

SWAHILI	SETSWANA	ENGLISH
Pombe	Bojalwa	Beer
Bia baridi	Bojalwa jo bo tsididi	Cold beer
Bia moto	Bojalwa jobo fisang	Hot beer
Nipe pombe	Tlisa bojalwa	Give me alcohol
Naomba pombe	Ke kopa bojalwa	Can I have alcohol
Bia ni kiasi gani?	Bojalwa bo kae?	How much does a beer cost?
Una bia zote?	O nale bojalwa bofe?	Do you have all types of beer?
Nipe pombe kali	Mpha digalagala	Give me hard liquor
Nipe mvinyo	Mpha mofine	Give me wine
Unakunywa nini?	O nwa eng?	What are you drinking?
Unataka pombe tena?	O batla bojalwa gape?	Do you want alcohol again?
Je, umetosheka kunywa?	A o kgotsofetse go nwa?	Are you satisfied with the drink?
Ninunulie bia	Nthekele bojalwa	Buy me a beer
Nmunulie sigara	Nthekele motsoko	Buy me a cigarette
Sanduku la bia	Kereiti ya bojalwa	Crate of beer
Kinywaji baridi	Nno tsididi	Cold Drink
Kunywa maji baridi	Nwa metsi a tsididi	Drink cold water
Bia ya chupa	Bojalwa bo mo botlolong	Beer in a bottle
Bia ya kopo	Bojalwa bo mo sebagabiking	Beer in a can
Fungua bia	Bula bojalwa	Open the beer
Rudisha bia	Busa bojalwa	Return the beer
Pangusa bia hii	Phepafatsa bojalwa jo	Wipe this beer
Safisha bilauri	Tlhatswa galase	Clean the glass
Nipe bilauri	Mpha galase e ephepa	Give me a glass
Leta meza	Tlisa tafole	Bring a table
Leta kiti	Tlisa setilo	Bring a chair

27

EPAPHRA P.M. NGOWI

Hakuna bia	Ga gona bojalwa	There is no beer
Bia tamu hii	Bojalwa jo bo monate!	This beer is very sweet
Nasikia kiu	Ke na le lenyora	I am thirsty
Kwenye Starehe	Maitisong	In recreational activities
Starehe	Maitiso	Recreational activities

PART 15

PHASES COMMONLY USED IN THE HOUSE / YARD

SWAHILI	SETSWANA	ENGLISH
Hodi, Hodi Hodi!	Ko Ko! Koti koti!	Knock, knock knock!
Ah! kuna mgeni	Ee! Gona le moeng Oh!	There's a guest
Karibu	O amogelesegile	Welcome
Fungua mlango	Bula heke	Open the door
Ingia ndani	Tsena	Come in
Umetoka wapi?	O tswa kae?	Where are you from?
Umefikaje hapa?	O tsile jang?	How did you get here?
Umefika saa ngapi?	O tsile nako mang?	What time did you arrive?
Kiti hiki	Setilo ke se	Here is a chair
Kaa chini	Nna fatshe	Sit down
Je, umechoka sana?	A o lapile?	Are you very tired?
Unataka nini?	O batla eng?	What do you want?
Watoto salimieni mgeni	Bana ba dumedisa moeng	Children, greet the guest
Mshike mkono	Mo tshware ka lebogo	Shake the hand
Tumia mkono wa kulia	Dirisa la moja	Use your right hand
Haya maji	Metsi ke a	Here is water
Utaondoka lini?	O tla tsamaya leng?	When do you leave?
Naondoka tu sasa hivi	Ke a tsamaya gompieno jaana	I am leaving now
Utakuja kwetu lini tena?	O tlaa tla leng gape?	When will you come again?
Usisahau kuja	O seka wa lebala go tla	Don't forget to come
Nitakuja mapema	Ke tla ka nako	I will come on time
Umechelewa kufika	O tsile thari	You are late
Tutaonana tena	Re tlaa bonana gape	We will meet again

EPAPHRA P.M. NGOWI

Kwa heri	Go siame	Good bye
Nenda haraka	Itlhaganele	Go quickly
Nenda polepole	Tsamaya ka bonya	Go slowly
Uwe mwangalifu njiani	Itlhokomele mo tseleng	Be careful on the way
Mkae salama	Le sale sentle	Stay well
Usikimbie sana	O seka wa siana thata	Don't run too fast

PART 16

COMMON WORDS AND PHASES USED AT THE HOSPITAL/CLINIC

SWAHILI	SETSWANA	ENGLISH
Daktari	Ngaka	Doctor
Muuguzi	Mooki	Nurse
Mgonjwa	Molwetse	Patient
Ugonjwa	Bolwetse	Disease
Dawa	Melemo	Medicine
Kadi ya mgojwa	Karata ya kokelwana	Patient's card
Sindano	Mokento	Injection
Mkunga	Mooki yo belegisang	Midwife
Vidonge vya dawa	Dipilsi	Tablets
Chupa ya dawa	Lebotlolo la molemo	Bottle of medicine
Chumba cha sindano	Ntlwana ya mokento	Injection room
Chumba cha kupimwa	Ntlwana ya itekodiso	Consultation room
Daktari wa meno	Ngaka ya meno	Dentist
Daktari wa wanawake	Ngaka ya basadi	Gynecologist/ Obstetrician
Kifua kikuu	Kgotlholo e tona	Tuberculosis (TB)
Kidonda	Ntho	Wound
Kichwa kinauma	Tlhogo e e opang	Head ache
Tumbo linauma	Mala a a botlhoko	Stomach ache
Mgonjwa amelazwa	Molwetsi o rohaditswe	Patient is admitted
Maumivu	Ditlhabi	Pain
Pona haraka	Go fola	Quick recovery
Gari la Wagonjwa	Koloi ya kokelo	Ambulance

PART 17

WORDS AND PHRASES USED AT A WEDDING CEREMONY

SWAHILI	SETSWANA	ENGLISH
Harusi	Lenyalo	Wedding
Mchumba	Motho yo o tlhomilweng	Fiance/fiancee
Mume (mme)	Monna	Husband
Mke	Mosadi	Wife
Bwana harusi	Monyadiwa	Bride groom
Bibi harusi	Monyadi	Bride
Siku ya harusi	Tsa lenyalo	Wedding day
Kengele za harusi	Tshipi tsa lenyalo	Wedding bells
Pombe ya harusi	Bojalwa ja lenyalo	Wedding drinks
Gauni la harusi	Lesire	Wedding dress
Mkuu wa sherehe	Motsamaisa tiro	Master of ceremony
Mchungaji	Moruti	Pastor
Shela ya bibi harusi	Korone	Bride's veil
Wakati wa harusi	Nako ya lenyalo	During the wedding
Kadi ya harusi	Karata ya lenyalo	Wedding invitation
Maua ya harusi	Dithunya tsa lenyalo	Wedding flowers
Twende harusini	A re yeng ko lenyalong	Let us go to the wedding
Harusi kubwa	Lenyalo legolo	Big wedding
Harusi nzuri	Lenyalo le monate	Nice wedding
Nyimbo za harusi	Dipina tsa lenyalo	Wedding songs
Mipango ya harusi	Dipaakanyo tsa lenyalo	Wedding plans
Kucheza mziki	Mmino	Dancing
Mziki	Moopelo	Music
Maua	Dithunya	Flowers

PART 18

WORDS AND PHRASES TO USE AT THE BUTCHERY

SWAHILI	SETSWANA	ENGLISH
Nyama	Nama	Meat
Nyama ya Kondoo	Nama ya nku	Mutton
Nyama ya mbuzi	Nama ya pudi	Mutton
Nyama ya ng'ombe	Nama ya kgomo	Beef
Nyama ya mifupa	Nama e e marapo	Bone meat
Mfupa	Lerapo	Bones
Nundu	Nama e e mahura	Fat meat
Nyama iliyokonda	Nama e e bopamang	Lean meat
Nyama hii ghali	Nama e a tura	This meat is expensive
Nipe nyama	Mpha nama	Give me meat
Kata nyama	Sega nama	Slice meat
Damu	Madi	Blood
Utumbo	Mogodu	Intestine
Matumbo	Mala	Intestines
Ini	Sebete	Liver
Ulimi	Loleme	Tongue
Kichwa	Tlhlogo	Head
Mkia wa ng'ombe	Mogatla	Cow's tail
Nyama hii ni kiasi gani?	Nama ke bokae?	How much is this meat?
Nyama ya kukausha juani	Segwapa	Dry meat (biltong)
Nyama ya kusaga	Nama e e besitsweng	Minced meat
Nyama mbaya	Mokweshepe	Bad meat
Chinja ng'ombe	Bolaya/ Tlhaba kgomo	Slaughter the cow
Nipe nyama iliyopikwa	Mpha nama ee apeilweng	Give me cooked meat
Uwengu	Lebete	Spleen

EPAPHRA P.M. NGOWI

Ngozi	Letlalo	Skin
Kipande cha nyama	Setoki sa nama	Piece of meat
Kipande cha mfupa	Leratswana	Piece of bone
Mafuta	Mahura	Animal fat

PART 19

WORDS AND PHRASES USED AT EDUCATIONAL INSTITUTIONS

SWAHILI	SETSWANA	ENGLISH
Mkuu wa shule	Mogokgo	Head of school
Mwalimu	Morutabana	Teacher
Mwanafunzi	Ngwana wa sekole	Student
Shule	Sekole	School
Darasani	Ntlo ya barutelo	In theClass
Maktaba	Motlobo	Library
Maabara	Lebong	Laboratory
Stoo	Ntlo ya bobeelo	Store room
Afisa wa fedha shuleni	Motshola madi	School bursar
Muhudumu wa ofisi	Morongwa	Messenger
Kiwanja cha mpira	Lebala la metshameko	Football pitch
Uwanja wa mchezo	La kgwele ya dinao	Play ground
Shamba la shule	Tshingwana ya Sekole	School garden
Bwalo la chakula	Ntlo ya bojelo	Dining hall
Mwanafunzi mwadhibiwa	Ngwana o otlhaiwa	Punished student
Mwanfunzi amechelewa	Ngwana o tla thari	Late student
Mwanafunzi hayupo	Ngwana ga a tla	Absent student
Karani	Mokwadi	Secretary
Mwalimu hayupo	Morutabana ga a yo	Absent teacher
Fimbo	Thupa	Cane
Hesabu (hisabati)	Dipalo	Mathematics
Historia	Ditso	History
Jeografia	—	Geography
Kiingeereza	Sekgowa	English
Kilimo	Temothuo	Agriculture
Sayansi	Maranyane	Science

EPAPHRA P.M. NGOWI

Siasa	Dipolotiki	Politics
Sayansi kimu	Thuto ya kapei	Domestic science
Chemia	—	Chemistry
Fizikia	—	Physics
Michezo	Metshameko	Games/ sports
Kwata	—	Physical Education/PE
Mpira wa wavu	Bolo tlowo	Volley ball
Mpira wa kikapu	—	Basketball
Mpira wa pete	—	Net ball

PART 20

WORDS AND PHRASES USED AT THE POLICE STATION OR COURT

SWAHILI	SETSWANA	ENGLISH
Askari	Lepodise	Police
Askari wa kiume	Lepodise la monna	Male Police
Askari wa kike	Lepodise la mosadi	Female Police
Kesi	Kgetsi	Case
Mwizi	Legodu	Thief
Muuaji	Mmolai	Assasin
Jela	Kgolegelo	Prison
Mkuu wa kituo cha polisi	Ramapodise	Head of Police Station
Mlalamikaji	Mongongoregi	Complaint
Gari la polisi	Koloi ya mapodise	Police car
Polisi wa barabarani	Lepodise la tsela	Traffic officer
Polisi mchunguzi	Ditlhotlhomiso tsa mapodise	Investigating officer
Siku ya kesi	Letsatsi la tsheko	Case day
Yupo nje kwa mthamana	Go emela tsheko kwa ntle	Out on bail
Hakimu	Moatlhodi	Lawyer
Mahakama	Lekgotla	Court
Pingu	"Hakaboy" dihaka	Handcuffs
Mshitakiwa	Mmelaelwa	Accussed

PART 21

WORDS AND PHRASES USED AT THE GARDEN/ FARM

SWAHILI	SETSWANA	ENGLISH
Mboga	Merogo	Vegetables
Udongo	Mmu	Soil
Magugu	Mhero	Weeds
Majani	Bojang	Grass
Tikiti maji	Legapu	Watermelon
Boga	Lephutshe	Pumpkin
Mboga za aina zote	Mefuta ya merogo	Vegetables of all kinds
Mbolea ya ng'ombe	Boloko	Cow dung
Mbolea ya majani	Manyoro	Manure
Sia	Go jwala	Broadcast
Panda kwa mistari	Go lema ka ditselana	Row planting
Minyoo	Diboko	Worms
Maua	Dithunya	Flowers
Toroli	Kiriba	Wheel barrow
Beleshi	Garawe	Spade
Vyombo vya shambani	Didirisiwa tsa temo	Garden equipment
Jembe la kukokotwa na ng'ombe	Mogoma wa dikgomo	Cattle plough
Lima	Go lema	Cultivate
Palilia	Go tlhagola	Weed
Mbegu	Peo	Seeds
Dawa za wadudu	Melemo ya diji	Insecticides
Matunda	Maungo	Fruit
Nyasi	Bojang	Hay
Mti/ Miti	Setlhare	Tree/ Trees
Shamba la mboga	Tshingwana ya merogo	Vegetable garden

PART 22

PHRASES USED AT BUS STOP

SWAHILI	SETSWANA	ENGLISH
Basi hili	Base ke e	This bus
Basi Iinakwenda wapi?	Base e ya kae?	Where is this bus going?
Basi limetoka wapi?	Base e tswa kae?	Where is this bus coming from?
Ni basi la kwetu!	Base e ke ya lona!	This is our bus!
Basi litaondoka saa ngapi?	Base e emelela leng?	What time will the bus depart?
Ah, basi limejaa!	Owai! Base e tletse!	Oh! The bus is full!
Nauli ni kiasi gani?	Go duelwa bokae?	How much is the bus fare?
Nunua tikiti sasa	Reka karata ya mosepele gompieno	Buy the ticket now
Hapana, nitanunua huko ndani	Nnyaa, ke tlaa e reka mo baseng	No, I will buy it in the bus
Kondakta yuko wapi?	Motsaya madi o kae?	Where is the conductor?
Kandakta ni huyu	Motsaya madi ke yo	This is the kondakta
Ni wachache	Ga ba bantsi	They are few
Tuingie kwenye basi?	Mme re tsena mo baseng?	Should we board the bus?
Basi linaondoka	Base e a tsamaya	The bus is leaving
Nenda salama	Tsamaya sentle	Safe journey
Endesha polepole	Tsamaya o iketlile	Drive slowly
Endesha salama	Kgwetsa e sentle	Drive safely
Ni trafiki polisi	Lepodisi la mesepele kele	It is a traffic officer
Simamisha basi	Emisa base	Stop the bus
Abiria teremkeni	Bapalame tswaang	Passengers get off
Huyu ni dereva	Mokgweetsi ke yo	This is the driver
Ni dereva mzuri	Mokgweetsi yo o siame	He is a good driver

PART 23

WORDS AND PHRASES USED AT THE SHOP/ SUPERMARKET

SWAHILI	SETSWANA	ENGLISH
Pesa (shilingi, senti)	Madi (Pula, Thebe)	Money
Mkate	Borotho	Bread
Unga wa mahindi	Bopi jwa phaletshe	Maize meal
Unga ngano	Bopi jwa borotho	Wheat flour
Pipi (lawalawa)	Dinekere	Sweets
Mafuta	Mahura	Oil
Maziwa	Maswi	Milk
Siagi	Botoro	Butter
Maandazi	Magwinya	Buns
Mchele	Raese	Rice
Sabuni	Molora	Soap
Sukari	Sukiri	Sugar
Chumvi	Letswai	Salt
Viungo	—	Spices

PART 21

WORDS, PHRASES AND QUESTIONS USED AT THE SHOPS AND SUPERMARKETS

SWAHILI	SETSWANA	ENGLISH
Hiki ni bei gani?	Selo se ke bokae?	How much is this?
Ni bei gani?	Ke bokae?	How much?
Unataka kiasi gani?	O batla bokae?	How much do you want?
Twende dukani	A reye mabentleleng	Let us go to the shop
Unataka nini dukani?	O batla eng mo le bentleleng?	What do you want from the shop?
Leta pesa	Tsisa madi	Give me the money
Ongeza pesa	Oketsa madi	Add more money
Nipe chenji yangu	Mpusetsa tshentshi	Give me my change
Mwenye duka	Mong wa lebentlele	Shop owner
Naomba mkopo	Motlhokomedi wa lebentlele	Can I have a loan
Utalipa lini?	O tla duela leng?	When will you pay?
Lipa mwisho wa mwezi	Duela kgwedi e fela/ mafelo a kgwedi	Pay at the end of the month
Tafadhali nisaidie	Tswee tswee ke kopa thuso	Please help me
Faida	Morokotso	Profit
Hasara	Kwelotlase	Loss

47

PART 25

COMMON COLOURS

SWAHILI	SETSWANA	ENGLISH
Nyeusi	Bontsho	Black
Nyeupe	Bosweu	White
Nyekundu	Bohibidu	Red
Bluu	Botala	Blue
Njano	Bosetlha	Yellow
Kijani	Botala	Green
Kijivu	Botuba	Gray
Kahawia	Borokwa	Brown
Nyeusi na nyeupe	Bofatshwana	Black and white

PART 26

WORDS AND PHRASES TO DESCRIBE THE WEATHER

SWAHILI	SETSWANA	ENGLISH
Mvua	Pula	Rain
Anga (angani)	Loapi	Sky
Mawingu	Maru	Clouds
Mwezi	Ngwedi	Moon
Jua	Letsatsi	Sun
Nyota	Dinaledi/naledi	Star
Hali ya hewa	Maemo a bosa	Weather
Masika	Mariga	Heavy rains
Kiangazi	Selemo	Summer
Vuli	Dikgakologo	Spring
Kifuku	Letlhafula	Autumn
Wakati wa baridi	Botsididi	Cold/ Winter
Wakati wa joto	Mo gofisang	Hot
Jua kali	Go letsatsi/ mogote	Intense heat
Hali ya mawingu	Go maru	Cloudy
Hali ya upepo	Go phefo	Windy
Mvua inanyesha	Pula e ana	It is raining
Mvua itanyesha lini?	Pula e tla a na leng?	When is it going to rain?
Mvua iko wapi sasa?	Pula e kae jaanong?	Where is the rain?
Mvua ilinyesha	Pula e nele	It rained

PART 27

SIMPLE TENSE USED IN RELATION TO TIME

Let us use the simple verb EAT and see how it can be used in different tenses in Swahili, Setswana and English.

SWAHILI	SETSWANA	ENGLISH
Kula	Ja	Eat
Kula	Go ja	Eat
Ninakula	Ke a ja	I am eating
Nitakula	Ke tla ja	I will eat
Nitakuwa nikila	Ke tla a bo ke e ja	I will be eating
Nitakuwa nimekula	Ke tla a bo ke jele	I will have eaten
Nilikuwa nikila	Ke ne ke ja	I was eating
Nimekwisha kula	Ke ne ke tloga ke ja	I have eaten

NB: Most verbs can be treated in the same way.

PART 28

SIMPLE TENSE VERBS

SWAHILI	SETSWANA	ENGLISH
Hucheza	go tshameka tshameka	Plays
Huteta	go seba seba	Gossips
Husema	go bua bua	Talks
Huimba	go opela opela	Sings
Husoma	go bala bala	Reads
Hucheza Muziki	go bina bina	Dances
Huua	go bolaya bolaya	Kills
Hunywa	go nwa kgapetsa kgapetsa	Drinks
Hukimbia	go siana siana	Runs
Huchanganya	go tlhakanya tlhakanya	Mixes
Hulia	go lela lela	Cries
Huwashwa	go baba baba	Itches
Hushika	go tshwara tshwara	Touches
Huchunguza	go thothomisa thothomisa	Investigates

NB: most verbs can be treated in the same way to show the Repetition, of an action or a habit.

PART 29

NAMES OF DIFFERENT OCCUPATIONS

SWAHILI	SETSWANA	ENGLISH
Mkulima	Molemi	Farmer
Bwana mifugo	Molemisi	Vetenary doctor
Bwana shamba	Ralophalo	Farm manager
Mnyapara	Moeteledi	Casual labourer
Fundi (yoyote)	Moitseanape (mongwe le mongwe)	Repair man
Mhandisi	Moengeneara	Contractor
Daktari / Mganga	Ngaka	Doctor
Mkuu wa chuo /shule	Mogoko (college/school)	Head of school
Mwalimu	Morutabanna	Teacher
Mweka hazina/ Mwasibu	Motlhokomela dibuka tsa madi	Treasurer/ Accountant
Muuza nyama	Mooki	Butcherer
Fundi mwashi	Moagi	Iron smith
Karani	Mokwaledi	Clerk
Mwandishi wa habari	Mokwadi	Journalist
Mhubiri	Moruti	Preacher
Muuza duka	Morekisi mo lebentleleng	Shopkeeper
Hakimu	Moatlhodi	Magistrate
Mkalimani	Moranodi	Translator
Mwizi	Legodu	Thief
Afisa mipango	—	Planner
Dereva	Mokgweetsi	Driver
Mpiga rangi	Mopenti	Painter
Yaya	Mmelegi	Babysitter
Mwindaji	Motsumi	Hunter
Bwana umeme	Mmereki wa motlakase	Electrician
Bwana afya	Mmereki wa botsogo	Health officer
Seremala	Mmetli	Carpenter
Mlinzi	Molebeledi	Watchman

Mtunza maktaba	Motlhokomela motlobo	Librarian
Muhudumu wa ofisi	Morongwa	Messenger
Mpishi mkuu	Moapei mogolo	Head chef
Mpishi	Moapei	Cook
Polisi	Lepodise	Police
Maneja	Mookamedi	Manager
Mfanyakazi	Mmereki	Worker
Diwani	Mokhanselara	Ward councellor
Mchungaji	Moperesita	Priest/ Vicar/ Pastor
Mkaguzi	Motlhatlhobi	Inspector
Mkulima na mfugaji	Molemi Morui	Agriculturalist

PART 30

PARTS OF A HOUSE

SWAHILI	SETSWANA	ENGLISH
Mlango	Lebati	Door
Dirisha	Seokomelabagwe	Window
Sebule	Ntlwana ya boitapoloso	Living—room
Paa	Marulelo	Roof
Choo/ chooni	Ntlwana ya boithomelo	Rest room
Chumbani	Ntlwana ya borobalo	Bedroom
Jikoni	Ntlo ya boapeelo	Kitchen
Sakafu	Bodilo	Floor
Chumba cha kulia	Ntlo ya bojelo	Dining room
Ukuta	Lebota	Wall
Kabati	Koboto	Cupboard
Bati	Senke	Iron sheet
Kiwanja	Setsha	Plot

PART 31

BUILDING MATERIALS

SWAHILI	SETSWANA	ENGLISH
Mbao	Ditlhomeso	Timber
Misumari	Dipekere	Nails
Sementi	Semente	Cement
Kokoto	Matlapa a mannye	Gravel
Tofali	Setena	Brick
Mchanga	Mmu wa molapo/ motlhaba	Sandy soil
Rangi	Pente	Paint
Maji	Metsi	Water
Bawaba	Hinje	Hinges
Kofuli	Korogorwana/ seloko	Padlock
Kioo	Galase	Mirrow
Sehemu ya taka taka	Tini ya malele/ tanka	Rubbish Bin
Chekecheke	Sefo	Sieve
Mawe	Matlapa	Stones
Waya	Tshipi e tshesane	Wires
Kitasa	Setshwaro sa setwalo	Door lock

PART 32

CLOTHING OR GARMENTS WORN BY PEOPLE

SWAHILI	SETSWANA	ENGLISH
Sweta	Jesi	Jersey
Tai	Thai	Tie
Suruali	Borokgwe	Trousers
Blanketi	Kobo	Blanket
Shuka	Letsela la bolao	Bedsheet
Mto	Mosamo	Pillow
Foronya	Selopo	Pillow case
Pazia	Letsela la fensetere	Curtain
Kitambaa cha meza	Letsela la tafole	Table cloth
Kilemba	Tukwi	Head scarf
Sokisi	Dikausu	Socks
Siketi	Sekete (mosese wa letheka)	Skirt
Sidiria	Baki	Brazzire
Viatu	Ditlhako	Shoes
Mkanda	Lebante	Belt
Kofia	Thoro	Hat
Miwani ya jua	Digalase tsa letsatsi	Sun glassess
Miwani macho	Digalase tsa matlho	Spectacles
Saa	Sesupanako	Watch
Ushanga	Sebaga	Beads
Vipuli	Manyena	Earrings
Mkufu	Laseka la molala	Necklace
Bangili	Leseka	Bangles
Pete	Palamonwana	Ring
Mwavuli	Sekhukhu/ mokgele	Umbrella
Sikafu	Tukwi ya magetla	Scarf
Kanzu	Purapura	Suit
Gauni	Mosese	Dress

PART 33

TSWANA NAMES AND THEIR MEANING IN SWAHILI AND ENGLISH

SWAHILI	SETSWANA	ENGLISH
Amani	Kagiso	Peace
Zawadi	Mpho	Gift
Penzi	Lorato	Love
Ulisema	Obuile	You said
Pataneni	Mpatane	Make up
Jifunzeni	Ithuteng	Learn
Msaada	Thuso	Help
Elimu	Thuto	Education
Nilikimbiwa	Kesiilwe	Bereaved
Anafahamu	O a itse	Knowledge
Mjanja	Butale	Clever
Mwandishi	Mokwadi	Writer
Nimeyaona	Kedibonye	I have seen
Ni yetu	Larona	Ours
Huoni	Gaobone	Can you see
Nitawangoja	Kediemetse	Will wait
Nimeshindwa	Kepaletswe	I cant
Unauliza nini	Mpoletsang	What are you asking
Mawazo (Wazo)	Leano	Thoughts
Nimeitwa	Kebiditswe	I was called
Uhuru	Boipuso	Independence
Watu	Batho	People
Nina watu	Kenabatho	I'm with people
Chota maji	Segametse	Fetch water
Ahsante	Tebogo	Thanks
Ahsante nyingi	Malebogo	Many thanks

Shukrani	Ditebogo	Thanksgiving
Malipo	Tuelo	Payment
Dini	Tumelo	Religion
Nyota	Naledi	Star
Machozi	Dikeledi	Tears
Simba	Tau	Lion
Tembo	Tlou	Elephant
Huruma	Masego	Pity
Mmoja wetu	Mongwewarona	One of us
Ameongeza	Ookeditse	He has added

PART 34

SHORT STATEMENTS AND QUESTIONS

SWAHILI	SETSWANA	ENGLISH
Mke wangu mgojwa	Mosadi wame o a lwala	My wife is sick
Mke wangu pia, mgonjwa	Le nna, mosadi wame o a lwala	My wife is also sick
Watu wengine wanasema uongo	Batho ba bangwe ba bua maaka	Other people tell lies
Wengine wanasema uongo	Ba bangwe ba bua maaka	Others tell lies
Punda wa mfalme amekufa	Pitse ya kgosi e sule	The kings donkey is dead
Mwanamme mrefu amekuja	Monna yo moleele o tsile	A tall man is coming
Mwanamke mfupi amekuja	Mosadi yo mokhutshwane o tsile	A short woman has come
Mtu huyu ni nani?	Ke mang motho yo?	Who is this person?
Unaongea na nani?	O bua ka ga eng?	Whom are you talking to?
Unaongea lugha gani?	O bua sekae?	What language do you speak?
Unataka nini tena?	O batla eng gape?	What do you want again?
Tatizo lako nini hasa?	Mathata a gago ke eng tota?	What is your real problem?
Je unafikiri itakuwa nzuri kweli?	A o akanya gore e tla nna nnete?	Do you think it will be good?
Je unafikiri mimi ni nani?	A o akanya gore ke mokae?	Who do you think I am?

Ujanja wake umekwisha!	Bogale jwa gagwe bo fedile!	He/She has run out of ideas!
Mtu huyu ni Mtanzania	Monna yo ke Motanzania	This person is Tanzanian
Nataka kuzungumza kiswahili kama wewe	Ke baltla go bua swahili jaaka wena	I would like to speak Swahili like you.
Nitajuaje mimi?	Ke tla itse jang nna?	How do I know?
Nimetoka Gaborone na ninakwenda Tanzania	Ke tswa kwa Gaborone mme ke ya kwa Tanzania	I am from Gaborone and I am going to Tanzania

PART 35

EXPAND YOUR SWAHILI/ SETSWANA/ ENGLISH VOCABULARY

SWAHILI	SETSWANA	ENGLISH
Nenda	Tsamaya	Go
Njoo	Tla	Come
Njoo hapa	Tla kwano	Come here
Simama	Emelela	Stand up
Kaa chini	Nna fa fatshe	Sit down
Kataa	Gana	Refuse
Kubali	Dumela	Agree
Omba/ naomba	Kopa/ ke a kopa	Ask/request
Omba/ Sali	Rapela	Pray
Imba	Opela	Sing
Ongea	Bua	Speak
Cheka	Tshega	Laugh
Kaa kimya	Tidimalo	Keep quite
Haina shida	Go Siame	Its okay
Sawa	Phoso	Right
Mbaya (ni mbaya)	Maswe (go maswe)	Bad/its bad
Vyema	Lolama	Good
Ni sasa	Jaanong	What now
Baadae	Nako e e tlang/ Kgantele	Later
Ndoto	Toro	Dream
Lala	Robala	Sleep
Changamka	Tsoga	Get up
Ajabu	Gakgamatsa	Amaizing
Sio kawaida	Go sa tlwaelesega	Its not normal

Angalia	Leba	Look
Ona	Bona	See
Danganya	Tsietsa	Lie
Ukweli	Nnete (boamaaruri)	Truth
Dhambi	Sebe	Sin
Madhambi	Teofo (go leofa)	Sins
Kimbia	Siana	Run
Ajiri	Thapa	Employ
Barua	Poso	Mail
Tafsiri	Ranola	Translate
Mkasi	Sekere	Scissors
Tetemeka	Tetesela	Trumbling
Nyamaza	Tuulala	Keep quite
Mkutano (kukutana)	Kopano	Meeting/gathering
Lingana	Lekana	Equal
Panda	Palama	Get on
Tangazo	Kitsiso	Notice

PART 36

VOCABULARY

SWAHILI	SETSWANA	ENGLISH
Fua (nguo)	tlhatswa	To wash laundry
Oga	tlhapa	To Bath
Safisha, pangusa	phepa	To dust
Funga	tswala	Close
Fungua	bula	Open
Fundisha	ruta	Teach
Pumua hema	hema	Breath air
Harufu	nkga	Smell
Piga kelele	kua,—goa	Shout
Saidia/ msaada	thuso / thusa	help/assistance
Sogoa/ piga hadithi	tsaya dikang	Chatting
Vuka (mto)	kgabaganya (noka)	Cross the river
Ongoza (kwaya, mkutano)	go laola	Lead (choir/meeting)
Huruma, hurumimia,	botho	Pity, pitiful
Kiburi	makgakga	Stubbon
Kutukana	go tlhapatsa,rogana	Insulting
Fagia	feela	Sweep
Kauka, kavu	oma, omile	Dry
Nenepa	nona	Fatten
Kiu	lenyora	Thirst
Choka (kuchoka)	lapa, go lapa	Tire (to tire)
Poteza (kitu)	latlhega (sengwe)	Lose (something)
Piga magote	khubama	Kneel down
Kushiba	kgora	Satisfied
Chukia/ kasirika,kutofurahi	tenega,kwata, ngala	Annoyed,angry, upset
Vaa (nguo)	apara (diaparo)	Wear (clothes)
Hebu kwanza/ ngoja kwanza	iketle pele	Wait a minute
Mwanzoni	pelepele	In the beginning
Sasa hivi/hivi sasa	jaanong jaana/gone jaana	Right now

Kwa siku	ka letsatsi	In a day
Kama hivi, hivi	jaana	Like this
Kama vile	jalo	Like that
Fanya hivyo	dira jalo	Do that
Vipi? Namna gani?	jang? Hi?	What's up?
Ndogo	bobotlana	Small
Kubwa	e tonna (motsofe)	Big
Mzee	kgologolo	Old
Pana	kgaraga, kima	Wide
Fupi	khutshwane	Short
Ya kike kike	namagadi	Girlish
Ndefu	telele	Long
Mdogo	nnana	Young
Uma/ ngata	loma	Bite
Kata (kata mti)	rema (rema setlhare)	Cut (tree)
Changanya	tlhakanya	Mix
Kamua (ng'ombe)	gama (kgomo)	Milk(the cow)
Ingiza	tsenya	Bring inside
Fikiri	akanya	Think
Chunga	disa	Graze(cattle)
Kaanga, choma	besa	Roast
Ondoa, toa	ntsha	Remove
Pakaa	tshasa	Apply
Onyesha	bontsha	Show
Ongoza	etelela	Lead
Piga	raga	Beat
Kataa	gana	Refuse
Sambaza	gasa	Spread
Mpe	go fa	Give
kula (chakula)	ja (dijo)	Eat (food)
Ogopa	boifa	Afraid
Kasirika	galefa	Angry
Washa	tshuba	Wash
Potea	timela	Lost
Nyang'anya	phamola	Take away
Tokeza	biloga	Emerge
Vunja	kgothula (go roba)	Break
Kimbia (kwa siri), toroka	Ngwega	Elope
Ng'ra/ ng'aa	Phatsima	Shine
Zama	Phirima	Disappear
Shangaa	Gakgamala	Surprised
Sumbua	Tshwenya	Disturb

Fokea	Kgalema	Yell (at)
Zimia	Idibala	Collapse
Chunga	Tlhokomela	Watch
Piga pasi	Gatisa	Iron (clothes)
Fanya (kazi)	Dira (tiro)	Do (work)
Tupa upesi	Foronyetsa	Throw quickly
Tupa	riko, lutlsulu	Throw
Kidogo/Ndogo	sesinye	a bit/little
Simama	Ema	Stand up
Angalifu	Tshaba	Careful
Shupavu	Pelokgale	Brave
Dhaifu	Bokoa	Weak
Ngumu	Thata	Hard
Furahia/ chekelea	Nyenya	Rejoice
Tembea	Tsamaya	Walk
Onyesha kwa	Supa ka	Show where
Kulia	Moja	Right
Kushoto	Molema	Left
Kusini	Borwa	South
Kaskazini	Bokoni	North
Magharibi	Bophirima	East
Mashariki	Bolthabatsatsi	West
Kitanda	Bolao	Bed
Taulo	Taolo	Towel
Wageni/ mgeni	Baeng/ moeng	Guest
Kifungua kinywa	Sefitlholo	Breakfast
Rudi	Boa	Come back
Usiendelee	O seka wa tswelela	Do not proceed
Sahihisha	Dira paakanyo	Correct
Rudia hii (kazi)	Boelela se (tiro)	Repeat this (work)

PART 37

COMMON WORDS

SWAHILI	SETSWANA	ENGLISH
Woga (mwoga)	boi (boboi)	Fear (fearsome)
Kali (makali)	bogale	Sharp
Pole pole	bonya	Slowly
Mbaya	bosula	Bad
Vuguvugu	bothitho	Lukewarm
Changa	bonnye	Immature
Nzito	bokete	Heavy
Tamu	monate	Sweet
Roho nzuri	bonolo	Kind hearted
Chafu (uchafu)	leswe (go leswe thata)	Dirt
Wivu	lefufa	Jelousy
Vumbi (mavumbi)	lorole	Dust
Ana nguvu	maatla	Strong
Majivuno (maringo)	makgakga	Proud
Unyevu nyevu	se metsi	Wet
Jotojoto	molelo	Slighty hot
Nyembamba/ konda	mokodua	Thin
Bahati	lesego	Lucky
Mvivu	setshwakga	Lazy
Baridi	tsididi	Cold
Kwa kweli	ruri	Truthfully
Kama vile vile	gone jalo	Like that
Kwa wakati ule	gone ka nako eo	That time
Mara kwa mara	gangwe le gape	Time and again
Mara moja tu	gangwe fela	Once
Kwa kweli, sawa, kabisa	tota	Agree completely
Hivi karibuni	bosheng	Lately
Vizuri	ga ntle	Nice

Kidogo	gannye	A little
Kidogo kidogo	ka bonya ka bonya	Little by little
Kitswana	ka Setswana	In Setswana
Kiujana	sesimane	Boyish
Kiume	senna	Manly
Wafanya kazi wenzangu	badiri ka nna	Fellow workers/employees
Lipua, lipuka	thunya	Blow up
Ni nyeupe saana	ke bosweu sweu twaa	Its very white
Methali	diane	Riddles
Kichuguu	seolo	Ant hill
Taifa	set'shaba	Nation
Mti	setlhare	Tree
Msitu	sekgwa	Forest
Kisima	sediba	Well
Kitu, vitu	selo, dilo	Thing, things
Shoka	selepe	Axe
Kiatu	setlhako	Shoe
Mtungi	nkgwana	Pestle
Shanga	sebaga	Beads
Silaha	sebolai	Weapon
Kimbia	taboga, siana	Run
Ingia humu	tsena mo	Get in here
Viweke pale	di bee foo	Put them there
Jibu	araba	Answer
Cheza	tshameka	Play
Pima	keleka	Measure
Wasiwasi	go tshwenyega	Worry
Tetemeka, tetemeko	roroma, reketla	Tremble, Treamors
Azima	adima	Borrow
Hama	fuduga	Move
Fika/ Wasili	goroga	Arrive
Toroka (kwa siri)	kukuna (ka sephiri)	Elope (in secret)
Koroga	fuduwa	Mix
Gari	mmotokara	Car
Kasha	Iebokese	Cover